JN097901

ベイク！
休日が楽しみになる
焼き菓子レシピ

Yutaokashi

山と溪谷社

はじめまして。
Yutaokashi（ユータ）です。

2014年から日々の趣味として細々と料理やベーキングを始めました。
始めてすぐの頃は、真っ黒に焦げたクッキーが焼けてしまったり、
何度も何度もいろいろなものを焼いては「これじゃない！」となったり、
納得のいかないお菓子しか作れませんでした。

でも、「ちょっと待って！ 完璧なものを求めるなら、買ったほうがいいじゃん。
自分でハードル上げたら、おうちでおやつ作りなんて楽しくなくなっちゃう！」と我に返り、
教室に通ったり、友人のお菓子屋で手伝いをさせてもらったり、
海外旅行先でもお菓子作りの体験をしたりするうちに、
焼き上がりまでのプロセスや、スタイリングも楽しむようになりました。

上達していくこともとっても面白かったので
おいしいと楽しいをシェアしたいと思い、Instagramに投稿したところ、
あこがれていた人々やそのつながりから、素敵な反応を得ることができました。

僕が作ったお菓子をご自身で再現してくださる方もいて、
お菓子を通した自分のアイディアが、
誰かのインスピレーションになることもあるんだなと驚き、うれしかったです。

この本も読んでくださる皆様の、日々の楽しみや
インスピレーションになってもらえるとうれしいです。

serve!!!

Yutaokashi（ユータ）

Contents

本書のおことわり

●小さじ1は5mℓ、大さじ1は15mℓです。
●特にことわりがなければ、
　卵はMサイズを使用しています。
　全卵50g、卵白30g、卵黄20gが目安です。
●油はグレープシードオイルを使用しています。
　米油や菜たね油で代用可能です。
●バターは食塩不使用のものを使用しています。
●オーブンの焼成温度、焼き時間は、
　ご家庭のオーブンに合わせて調整してください。
●電子レンジは500Wで使用しています。

Chapter 1
Bake for tea time!

Chapter 2
Bake for breakfast!

————

Chapter 3
Bake for holiday & special!

————

————

Column 1

Column 2

LET'S ENJOY BAKING
ON HOLIDAYS!

Bake for
tea time!
おうちティータイムのために

Bake for breakfast!
素敵な朝時間のために

Bake for holiday & special!
特別な日のために

休日は「ベイク」で、目と舌と心に栄養を!

材料は、粉とバターと卵と、おいしいアイディア。
作り方もとっても簡単。順に材料を混ぜるだけ。
家にあるもの、手に入れやすいもので、
ティータイムや朝ごはん、特別な日のために
楽しく作って、おいしく食べて。

CHAPTER 1

——

Bake for tea time!
おうちティータイムのために

サクサク、ザクザク、しっとり、ふわふわ。
いろいろな食感の焼き菓子を集めました。
12種類のクッキー、ブラウニー、ケーキで、
心と体の疲れを癒やす、甘く幸せなティータイムを。

NY STYLE CHOCOLATE CHIP COOKIES

→作り方は p.10

ニューヨークのベーカリーで出合った、ザクザクした食感がおいしいアメリカン・クッキーを再現。焼き上がってすぐはブラウンシュガーの甘さが強いので、完全に冷ましてから食べて。

くるみとチョコレートチップの
クッキー

材料 [直径7～8cm 6枚分]

バター ━ 110g
ブラウンシュガー ━ 100g
グラニュー糖 ━ 50g
卵 ━ 1個
A 薄力粉 ━ 150g
　 コーンスターチ ━ 小さじ1
　 塩 ━ ひとつまみ
チョコレートチップ ━ 60g
クーベルチュールチョコレート
　（ダーク／コインタイプ）━ 60g
くるみ ━ 100g

下準備

・バターと卵は室温に戻す。
・くるみは150℃に予熱したオーブンで
　10分焼き、粗く刻む。
・Aは合わせてふるう。
・天板にオーブンシートを敷く。
・オーブンは190℃に予熱する。

作り方

1. ボウルにバター、ブラウンシュガー、グラニュー糖を入れ、ハンドミキサーの高速で白っぽくなるまで混ぜる〈A〉。
   ◎生地の色が茶色っぽい色から白っぽく変わればOK〈B〉。

2. 卵を割り入れ、ハンドミキサーの低速で混ぜて〈C〉全体をなじませる。

3. ふるったAを加え、ゴムべらで何回かすくい混ぜてから〈D〉、粉けがなくなるまですり混ぜる。

4. 残りの材料を加え〈E、F〉、均等になるまで混ぜる〈G〉。

5. 4を12等分にしてアイスクリームディッシャー（または大きめのスプーン）で生地をすくい、天板に間隔をあけて6個並べる〈H〉。同様に残りの生地をすくい、先に並べた生地の上に押しつけるようにしてのせる〈I〉。予熱したオーブンで13～14分、様子を見ながら焼く。
   ◎焦げそうなときは、途中で天板の向きを変えてください。

6. 天板ごとオーブンから取り出してそのまま冷まし、粗熱がとれたらオーブンシートをはがして網にのせて冷ます。
   ◎焼き上がったクッキーはまだやわらかく形が崩れやすいので、必ず粗熱をとってから網へ移します。天板にのせたまま最後まで冷ますと、オーブンシートとクッキーの間に湿っけがたまってしまいます。

NY Style
Chocolate Chip
Cookies

BAKE FOR
TEA TIME!

おうちティータイムでベイクを楽しみましょう。

日々の暮らしはあわただしい。

だからこそ、ティータイムで「ちょっとひと息」を大切にしたいですね。

デパートやケーキ屋さんで買う、

華やかでキラキラしたスイーツもいいけれど、

焼きっぱなしの茶色いお菓子も魅力的。

素朴でホームメイド感あふれるスイーツとともに

リラックスした時間を過ごしませんか？

混ぜて焼くだけのクッキー
オーブンから立ち込めるいい香りに
「香りだけで太れるよね」なんて
ふざけたこと言いながら作りたい。

材料 [直径5cm9枚分]

バター ━ 50g

ピーナッツバター(無糖) ━ 70g

ブラウンシュガー ━ 40g

グラニュー糖 ━ 小さじ1+仕上げ用適量

溶き卵 ━ 30g分

A｜薄力粉 ━ 70g

　｜ベーキングパウダー ━ 小さじ¼

　｜ベーキングソーダ(重曹) ━ 小さじ¼

　｜塩 ━ ひとつまみ

下準備

・バターとピーナッツバター、溶き卵は
　室温に戻す。

・Aは合わせてふるう。

・天板にオーブンシートを敷く。

・オーブンは180℃に予熱する。

NO.02

ピーナッツバター
クッキー

作り方

1. ボウルにバターとピーナッツバターを入れ、ハンドミキサーの高速でやわらかくなるまで混ぜ、ブラウンシュガー、グラニュー糖を入れてさらに混ぜる。

2. 溶き卵を加え、ハンドミキサーの低速で混ぜて全体をなじませる。

3. ふるったAを加え、粉けがなくなるまでゴムべらで切るように混ぜる。

4. 3を9等分にしてアイスクリームディッシャー（または大きめのスプーン）で生地をすくい、天板に間隔をあけて並べる〈下右写真〉。

5. 手で生地を軽く押して平らにし、フォークを押し当てて格子状に模様をつけ〈A〉、仕上げ用のグラニュー糖をふる。
   ◎冷やしたフォークを使うと、模様がつけやすくなります。

6. 予熱したオーブンで12～13分、様子を見ながら焼く。
   ◎焦げそうなときは、途中で天板の向きを変えてください。

7. 天板ごとオーブンから取り出してそのまま冷まし、粗熱がとれたらオーブンシートをはがして網にのせて冷ます。
   ◎焼き上がったクッキーはまだやわらかく形が崩れやすいので、必ず粗熱をとってから網へ移します。天板にのせたまま最後まで冷ますと、オーブンシートとクッキーの間に湿っけがたまってしまいます。

A

PEANUT BUTTER COOKIES

スニッカードゥードゥル

材料 [直径7cm7枚分]

〈生地〉
バター ― 50g
グラニュー糖 ― 60g
溶き卵 ― 25g分
バニラエクストラクト (あれば)
　　　― 小さじ½
A｜薄力粉 ― 80g
　｜ベーキングソーダ (重曹)
　｜　　　― 小さじ¼
　｜塩 ― ひとつまみ
〈シナモンシュガー (好みで)〉
グラニュー糖 ― 大さじ1
シナモンパウダー ― 小さじ½

下準備

・バターと溶き卵は室温に戻す。
・Aは合わせてふるう。
・好みでシナモンシュガーの材料は
　合わせて混ぜる。
・天板にオーブンシートを敷く。
・オーブンは180℃に予熱する。

作り方

1.　生地を作る。ボウルにバターとグラニュー糖を入れ、ハンドミキサーの高速で白っぽくなるまで混ぜる。

2.　溶き卵、あればバニラエクストラクトを加え、ハンドミキサーの低速で混ぜて全体をなじませる。

3.　ふるったAを加え、粉けがなくなるまでゴムべらで切るように混ぜる。

4.　3を7等分にしてアイスクリームディッシャー (または大きめのスプーン) で生地をすくい、丸く成形しながら天板に並べる〈Ⓐ〉。好みで準備したシナモンシュガーをふる。
　◎生地は1枚約30gです。

5.　予熱したオーブンで12～13分焼く。

6.　天板ごとオーブンから取り出してそのまま冷まし、粗熱がとれたらオーブンシートをはがして網にのせて冷ます。
　◎焼き上がったクッキーはまだやわらかく形が崩れやすいので、必ず粗熱をとってから網へ移します。天板にのせたまま最後まで冷ますと、オーブンシートとクッキーの間に湿っけがたまってしまいます。

SNICKERDOODLE
COOKIES

こりんな名前ですが、スノーボールは定番のホームメイド・クッキー。グラニューシュガーでコーティングされたサクサクした食感は、昔懐かしい、おばあちゃんの味を思い出す人も多いそう。

チョコレートチップ クッキー

材料 [直径7cm12枚分]

バター ━ 120g

グラニュー糖 ━ 100g

卵黄 ━ 1個分

A 薄力粉 ━ 75g
　 強力粉 ━ 75g
　 ベーキングパウダー ━ 小さじ1½
　 ベーキングソーダ(重曹) ━ 小さじ½
　 シナモンパウダー(またはカルダモンパウダー) ━ 小さじ1
　 塩 ━ ひとつまみ

チョコレートチップ ━ 100g

クーベルチュールチョコレート(ダーク/コインタイプ)
　 ━ 100g

下準備

・バターと卵黄は室温に戻す。

・Aは合わせてふるう。

・天板にオーブンシートを敷く。

・オーブンは180℃に予熱する。

作り方

1. ボウルにバターとグラニュー糖を入れ、ハンドミキサーの高速で白っぽくなるまで混ぜる。

2. 卵黄を加え、ハンドミキサーの低速で混ぜて全体をなじませる。

3. ふるったAを加え、粉けがなくなるまでゴムべらで切るように混ぜる。

4. 残りの材料を加え、均等になるまで混ぜる。

5. 4を12等分してアイスクリームディッシャー(または大きめのスプーン)で生地をすくい、天板に間隔をあけて並べる。手で軽く押して平らにならし、予熱したオーブンで12～13分、様子を見ながら焼く。
   ◎焼成中に生地が広がるので、5cmくらいずつ間隔をあけます。

6. 天板ごとオーブンから取り出してそのまま冷まし、粗熱がとれたらオーブンシートをはがして網にのせて冷ます。
   ◎焼き上がったクッキーはまだやわらかく形が崩れやすいので、必ず粗熱をとってから網へ移します。天板にのせたまま最後まで冷ますと、オーブンシートとクッキーの間に湿っけがたまってしまいます。

CHOCOLATE CHIP COOKIES

チョコレートチップと
クーベルチュールチョコレートを
入れまくったクッキーって
もう本当に幸せです。
コーヒーのお供に1枚いかがですか?

MARBLE BROWNIES

→作り方は p.22

材料 [15cm角のスクエア型1台分]

〈チーズケーキ生地〉

クリームチーズ ― 65g

ヨーグルト（プレーン）― 70g

グラニュー糖 ― 15g

バニラエクストラクト ― 小さじ½

薄力粉 ― 5g

〈ブラウニー生地〉

卵 ― 1個

グラニュー糖 ― 80g

バター ― 60g

クーベルチュールチョコレート

　　（スイート／コインタイプ）― 60g

A 薄力粉 ― 55g

　　ベーキングパウダー ― 小さじ¼

　　塩 ― ひとつまみ

下準備

・クリームチーズとヨーグルトは
　室温に戻し、薄力粉はふるう。

・卵は室温に戻し、バターと
　クーベルチュールチョコレートは
　ボウルに合わせて湯煎で溶かす〈A〉。

・Aは合わせてふるう。

・型にオーブンシートを敷く。

・オーブンは160℃に予熱する。

作り方

1. チーズケーキ生地を作る。ボウルにクリームチーズを入れハンドミキサーの低速でダマがなくなるまで混ぜ〈B〉、ヨーグルトとグラニュー糖、バニラエクストラクト、ふるった薄力粉を加えて全体がなめらかになるまで混ぜる。

2. ブラウニー生地を作る。ボウルに卵を割り入れ、グラニュー糖を加え、ハンドミキサーの高速で白っぽくなるまでよく混ぜる〈C〉。

3. 2に湯煎したバターとクーベルチュールチョコレートを加え、均一になるまでハンドミキサーの低速で混ぜる〈D〉。ふるったAを加え、ゴムべらで粉けがなくなるまですくうように混ぜる〈E〉。

4. 型に3を¾量流し入れ、表面を平らにならす〈F〉。
   ◎マーブル模様を作るため、¼量は残します。

5. 4に1を分けて落とし〈G〉、全体に均等に広げる。残りの3を同様に落とし〈H〉、ナイフでジグザグに線を描いてマーブル模様を作る〈I〉。

6. 予熱したオーブンで45分くらい焼いて型を取り出し、そのまま冷めるまでおく。型からはずし、オーブンシートをはがして9等分に切る。
   ◎中心に竹串を刺して、生地がついてこなければ焼き上がり。生焼けの場合は、3〜5分ずつ様子を見ながら追加で焼きます。

マーブル模様は自由に楽しく。焼く前は「ちょっと微妙」なマーブルでも、気にしなくてOK。オーブンの魔法で、ふわっときれいな模様に焼き上がります。

NO.05

マーブルブラウニー

MARBLE BROWNIES

BLONDIES

「ブロンド・ブラウニー」ことブロンディー。
ブラウニーと違って、溶かしチョコレートや
ココアパウダーは入りません。
チョコチップとナッツたっぷりの口福感をぜひ。

ブロンディー

材料 [15cm角のスクエア型1台分]

バター ── 70g

ブラウンシュガー ── 100g

A 卵 ── 1個

　 バニラエクストラクト ── 小さじ½

B 薄力粉 ── 80g

　 塩 ── ひとつまみ

チョコレートチップ ── 80g

好みのナッツ ── 60g

◎ここではピーカンナッツ、くるみ、アーモンドを使用。ピスタチオやマカダミアナッツでも。

下準備

・バターは室温に戻す。

・Aの卵は室温に戻し、溶きほぐす。
　バニラエクストラクトを加えて合わせ、
　ハンドミキサーの中速で混ぜて全体をなじませる。

・Bは合わせてふるう。

・ナッツは150℃に予熱したオーブンで10分焼く。

・型にオーブンシートを敷く。

・オーブンは170℃に予熱する。

作り方

1. ボウルにバターとブラウンシュガーを入れ、ハンドミキサーの高速で白っぽくなるまで混ぜる。

2. 準備したAを3回に分けて加え、そのつどハンドミキサーの低速で混ぜて全体をなじませる。

3. ふるったBを加え、粉が少し残るくらいまでゴムべらで切るように混ぜる。残りの材料を加え〈左写真〉、粉けがなくなるまでさらに混ぜる。

4. 型に3を入れて表面を平らにならし、予熱したオーブンで32〜35分、様子を見ながら焼く。オーブンから型を取り出してそのまま冷めるまでおき、型からはずし、オーブンシートをはがして9等分に切る。
　◎中心に竹串を刺して、生地がついてこなければ焼き上がり。生焼けの場合は、3〜5分ずつ様子を見ながら追加で焼きます。

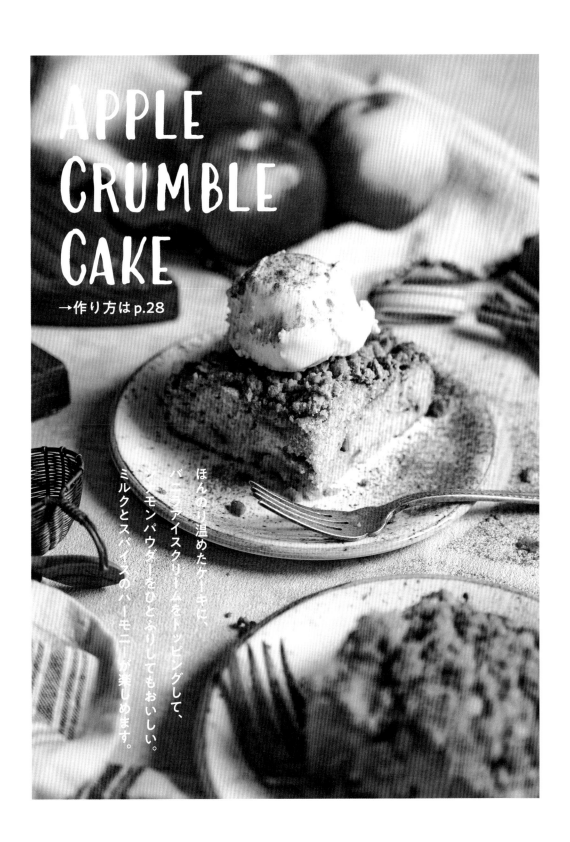

APPLE CRUMBLE CAKE

→作り方はp.28

ほんのり温めたケーキに、バニラアイスクリームをトッピングして、シナモンパウダーをひとふりしてもおいしい。ミルクとスパイスのハーモニーが楽しめます。

APPLE CRUMBLE CAKE

NO.07

アップルクランブルケーキ

材料 [15cm角のスクエア型1台分]

〈クランブル〉
バター ━ 20g
薄力粉 ━ 30g
シナモンパウダー ━ 小さじ¼
ブラウンシュガー ━ 20g
オートミール ━ 15g

〈フィリング〉
りんご（皮をむいて芯を除く）━ 100g
ブラウンシュガー ━ 20g
シナモンパウダー ━ 小さじ½
塩 ━ ひとつまみ

〈生地〉
バター ━ 70g
グラニュー糖 ━ 80g
卵 ━ 1個
A 薄力粉 ━ 80g
  ベーキングパウダー ━ 小さじ¼

〈トッピング〈好みで〉〉
バニラアイスクリーム ━ 適量
シナモンパウダー ━ 適量

下準備

・クランブル用のバターは1cm角に切り、
　冷蔵庫で冷やす。
・りんごはいちょう切りにする。
・生地用のバターと卵は室温に戻し、
　卵は溶きほぐす。
・Aは合わせてふるう。
・型にオーブンシートを敷く。
・オーブンは180℃に予熱する。

作り方

1. クランブルを作る。ボウルに冷蔵庫から出したバター
   と残りの材料を入れ、バターが溶けないうちに手早く
   指先ですり混ぜてなじませ〈A〉、そぼろ状にして冷凍
   庫で15分以上冷やし固める。
   ◎そぼろの大きさは、あえてそろえないほうが食感にアクセン
   トがつきます。

2. フィリングを作る。すべての材料をボウルに入れ、混
   ぜ合わせる〈B〉。

3. 生地を作る。ボウルにバターとグラニュー糖を入れ、
   ハンドミキサーの高速で白っぽくなるまで混ぜる〈C〉。

4. 溶き卵を2回に分けて加え〈D〉、そのつどハンドミキサ
   ーの低速で混ぜて全体をなじませる〈E〉。

5. ふるったAを加えてゴムべらですくい混ぜ〈F〉、2を
   加えて〈G〉均一になるまで混ぜる。

6. 型に5を入れて表面を平らにならし〈H〉、1を冷凍庫か
   ら出してほぐしながらのせ〈I〉、手で上から軽く押し
   て表面を落ち着かせる。予熱したオーブンで40分く
   らい焼く。
   ◎冷凍庫から出してすぐのクランブルは固まっているので、指
   先でほぐしながらのせていきます。
   ◎中心に竹串を刺して、生地がついてこなければ焼き上がり。
   生焼けの場合は、3〜5分ずつ様子を見ながら追加で焼きます。

7. オーブンから型を取り出してそのまま冷めるまでおき、
   型からはずし、オーブンシートをはがして4等分に切る。
   ◎皿に盛り、好みでバニラアイスクリームをのせ、シナモンパウ
   ダーをふっても（p.27参照）。

JAM BAR

NO.08

ジャムバー

材料 [15cm角のスクエア型1台分]

〈生地〉

バター ━ 65g

粉糖 ━ 20g

薄力粉 ━ 100g

塩 ━ ひとつまみ

〈クランブル〉

バター ━ 65g

薄力粉 ━ 100g

ブラウンシュガー ━ 50g

塩 ━ ひとつまみ

〈ジャム〉

ラズベリージャム ━ 120g

◎ブルーベリーなど市販のジャムを使っても
OK。

下準備

・生地用のバターは1.5cm角に切り、
　冷蔵庫で冷やす。

・クランブル用のバターは1cm角に切り、
　冷蔵庫で冷やす。

・型にオーブンシートを敷く。

・オーブンは170℃に予熱する。

作り方

1. 生地を作る。ボウルに冷蔵庫から出したバターと残りの
   材料を入れ、手でバターに粉けを吸わせるように指先で
   なじませながら〈A〉、生地を合わせてひとまとまりにする。
   ◎バターのかたまりは残っていてもOK。

2. 型に生地を入れる。指で生地を適当な大きさにちぎり、
   指先で押さえながら敷き詰める〈B〉。表面にフォークで
   数カ所穴をあけ、予熱したオーブンで20分焼く。

3. クランブルを作る。ボウルに冷蔵庫から出したバター
   と残りの材料を入れ、バターが溶けないうちに手早く
   指先ですり混ぜてなじませ、そぼろ状にして冷凍庫で
   15分以上冷やし固める。
   ◎そぼろの大きさは、あえてそろえないほうが食感にアクセン
   トがつきます。

4. 2をオーブンから取り出し、型に入れたままパレット
   ナイフでラズベリージャムを均一に塗り広げる〈C〉。
   ◎ここでオーブンを180℃に予熱します。

5. 3を冷凍庫から出してほぐしながらのせ〈D〉、再び予
   熱したオーブンで20～25分焼く。
   ◎冷凍庫から出してすぐのクランブルは固まっているので、指
   先でほぐしながらのせていきます。

6. オーブンから型を取り出してそのまま冷めるまでおき、
   型からはずし、オーブンシートをはがして9等分に切る。

作る工程が楽しいので、
子どもと一緒に作ったり、
気分転換したいときに焼いてみて。
クランブルにシナモンパウダーを
小さじ½ほど加えると、大人っぽい表情に。

COLUMN 1

オーブンシートの切り出し方／丸型

型にオーブンシートをきれいに敷き込めると、焼き上がりの美しさが変わります。
ここで紹介する丸型は、p. 36、39、42、76、80で使用しています。

切り出し方

1. 底面のオーブンシートを切り出す。オーブンシートを型にのせ〈A〉、型よりもふたまわりほど大きくカットする。

2. 正方形にする。対角線で三角形に折り〈B〉、余分な部分を切り落として広げる。

3. 四つ折りにし〈C〉、シートの中心（★）を起点に対角線で折り〈D〉、さらに半分に折る〈E〉。

4. ★を型の中心に合わせ、底の大きさに合わせて折り目（…）をつける〈F〉。

5. 折り目（…）より2cmくらい外側を切り〈G〉、折りたたんだまま折り目（…）まで縦に1～2cm間隔で切り込みを入れる。

6. 側面のオーブンシートを切り出す。型の高さより1cm長く、側面は2～3cmゆとりを持って重ねられるよう長方形に切り出す。

7. 型の底に刷毛でサラダ油（または溶かしバター）を薄く塗り、広げた5を敷き込む。型の側面にも同様にサラダ油を塗り〈H〉、6を側面に沿わせて張る〈I〉。

「ドリズル」とは、霧雨や小雨の意味。
しとしとと、たっぷりとレモンシロップを
打つ様子から名づけられた
イギリスの定番ケーキです。
生のレモンを丸ごと使ったケーキに
グレイズをたっぷり塗って、シャリっとした食感に。

LEMON DRIZZLE CAKE

→作り方はp.34

材料 [18cmのパウンド型1台分]

〈生地〉

A ┃ バター ━ 120g
┃ グラニュー糖 ━ 120g
┃ レモン ━ 1個

卵 ━ 2個

B ┃ 薄力粉 ━ 120g
┃ ベーキングパウダー ━ 小さじ1
┃ 塩 ━ ひとつまみ

牛乳 ━ 大さじ1

〈シロップ〉

グラニュー糖 ━ 40g

レモン汁 ━ 20g

〈グレイズ〉

粉糖 ━ 60g

レモン汁 ━ 15g

下準備

・バターと卵は室温に戻し、
卵は溶きほぐす。
・Aのレモンは皮をすりおろし〈A〉、
果肉は汁を搾ってシロップ用に20g、
グレイズ用に15g用意する。
・Bは合わせてふるう。
・シロップの材料は耐熱容器に入れ、
電子レンジで30〜40秒加熱して
砂糖を溶かし、混ぜ合わせる。
・型にオーブンシートを敷く。
・オーブンは170℃に予熱する。

作り方

1. 生地を作る。ボウルにバターとすりおろしたレモンの皮、グラニュー糖を入れ、ハンドミキサーの高速で白っぽくなるまで混ぜる〈B〉。

2. 溶き卵を2〜3回に分けて加え、そのつどハンドミキサーの低速で混ぜて〈C〉全体をなじませる。

3. ふるったBを加え、粉けがなくなるまでゴムべらですくい混ぜ〈D〉、牛乳を加え〈E〉、よく混ぜる。

4. 型に3を入れ〈F〉、予熱したオーブンで45分くらい様子を見ながら焼く。
◎中心に竹串を刺して、生地がついてこなければ焼き上がり。生焼けの場合は、3〜5分ずつ様子を見ながら追加で焼きます。

5. オーブンから取り出し、型に入れたまま準備したシロップを上からかける〈G〉。
◎ここでオーブンを160℃に予熱します。

6. グレイズを作る。ボウルに搾ったレモン汁と粉糖を入れて混ぜる〈H〉。5に上からかけ〈I〉、再び予熱したオーブンに入れて1分くらい乾燥させる。

7. オーブンから型を取り出してそのまま冷めるまでおき、型からはずし、オーブンシートをはがして好みの厚さに切る。
◎2.5〜3cm幅にカットするのがおすすめです。

NO.09
レモンドリズルケーキ

LEMON DRIZZLE CAKE

材料 [直径15cmの丸型1台分]

〈シナモンクランブル〉
バター ― 35g
薄力粉 ― 20g
アーモンドパウダー ― 20g
シナモンパウダー ― 小さじ1
ブラウンシュガー ― 40g
塩 ― ひとつまみ

〈生地〉
バター ― 60g
グラニュー糖 ― 110g
溶き卵 ― 1個分
A 牛乳 ― 40g
　 サワークリーム ― 100g
B 薄力粉 ― 160g
　 ベーキングパウダー ― 小さじ1
　 ベーキングソーダ(重曹) ― 小さじ¼
　 塩 ― ひとつまみ

〈シナモンシュガー〉
グラニュー糖 ― 大さじ1
シナモンパウダー ― 小さじ½
ココアパウダー(無糖) ― 小さじ½

下準備

・シナモンクランブル用のバターは
　1cm角に切り、冷蔵庫で冷やす。
・生地用のバターと溶き卵、Aは
　室温に戻し、Aはボウルに入れて
　混ぜ合わせる。
・Bは合わせてふるう。
・シナモンシュガーの材料は合わせる。
・型にオーブンシートを敷く。
・オーブンは180℃に予熱する。

作り方

1. シナモンクランブルを作る。ボウルに冷蔵庫から出したバターと残りの材料を入れ、バターが溶けないうちに手早く指先ですり混ぜてなじませ、そぼろ状にして冷凍庫で15分以上冷やし固める。
　◎そぼろの大きさは、あえてそろえないほうが食感にアクセントがつきます。

2. 生地を作る。ボウルにバターとグラニュー糖を入れ、ハンドミキサーの高速で白っぽくなるまで混ぜる。
　◎ボウルの縁に飛び散った生地も、ゴムべらで戻して攪拌します。

3. 溶き卵を2回に分けて加え、そのつどハンドミキサーの低速で混ぜて全体をなじませる。
　◎溶き卵は分離しないように2回に分けて加えます。

4. ふるったBの半量を加えてゴムべらですくうように混ぜ、混ぜ合わせたAを加えてさらに混ぜる。残りのBを加え粉けがなくなるまで混ぜる。

5. 型に4の半量を流し入れて表面を平らにならし〈A〉、合わせたシナモンシュガーをかける〈B〉。残りの4を入れて表面を平らにならし、1を冷凍庫から出してほぐしながらのせ、手で上から軽く押して表面を落ち着かせる。予熱したオーブンで45分焼く。
　◎冷凍庫から出してすぐのクランブルは固まっているので、指先でほぐしながらのせていきます。
　◎中心に竹串を刺して、生地がついてこなければ焼き上がり。生焼けの場合は、3〜5分ずつ様子を見ながら追加で焼きます。

6. オーブンから型を取り出してそのまま冷めるまでおき、型からはずし、オーブンシートをはがして食べやすく切る。

A　B

コーヒーケーキといっても、コーヒーは入っていません。
「コーヒーとともにお召し上がりくださいね」なケーキです。
オーブンからシナモンのよい香りが立ち込めてきたら、
焼き上がりまであと少しのサイン。
ドキドキしながらオーブンの前で様子をうかがう時間も楽しい。

NO.10
コーヒーケーキ

COFFEE CAKE

HUMMINGBIRD CAKE

NO.11

ハミングバード
ケーキ

アメリカ南部の伝統ケーキ。あまりのおいしさに
鳥までもさえずるとか。か、か、かわいい名前！
ほどよいシナモンの風味と、パイナップルやバナナの
トロピカルな香りが似合うこと似合うこと。
オイルベースなので思い立ったらすぐ作れるのがうれしい。

材料 [直径15cmの丸型1台分]

〈生地〉

A 溶き卵 — 1個分
　グレープシードオイル — 75g
　◎米油、太白ごま油、菜たね油などの植物油で代用可
　ブラウンシュガー — 40g
　グラニュー糖 — 20g
　バニラエクストラクト（あれば）
　　— 小さじ½
B 薄力粉 — 120g
　ベーキングパウダー — 小さじ½
　ベーキングソーダ（重曹）— 小さじ¼
　シナモンパウダー — 小さじ1
　塩 — ひとつまみ
C パイナップル — 正味130g
　バナナ — 正味80g
　ピーカンナッツ（またはくるみ）— 30g
ココナッツファイン — 20g
〈マスカルポーネクリーム〉
生クリーム — 120g
粉糖 — 15g
マスカルポーネチーズ — 50g
バニラペースト（あれば）— 小さじ½
〈トッピング（好みで）〉
ドライパイナップルフラワー（右記参照）
　— 6枚
◎市販のものでもOK。
エディブルフラワー — 適量
◎ここではキバナコスモスを使用。

下準備
・Bは合わせてふるう。
・Cのピーカンナッツは150℃に予熱したオーブンで約10分焼き、細かく刻む。パイナップルは細かく刻み、バナナはぶつ切りにしてフォークでつぶす（p.40の🅰）。
・型にオーブンシートを敷く。
・オーブンは170℃に予熱する。

作り方
1. 生地を作る。ボウルにAの溶き卵を入れ、残りのAを加え、ハンドミキサーの高速で全体がよく混ざるまで攪拌する〈p.40の🅱〉。

2. ふるったBを加えてゴムべらで粉けが少し残る程度にすくい混ぜ〈同🅲〉、準備したCとココナッツファインを加え、粉けがなくなるまで混ぜる〈同🅳〉。

3. 型に2を流し入れて表面を平らにならし〈同🅴〉、予熱したオーブンで45〜50分焼く。オーブンから型を取り出してそのまま冷めるまでおく。
　◎中心に竹串を刺して、生地がついてこなければ焼き上がり。生焼けの場合は、3〜5分ずつ様子を見ながら追加で焼きます。

4. マスカルポーネクリームを作る。氷水を当てたボウルに生クリームと粉糖を入れ、ハンドミキサーの中速で8分立てにする。マスカルポーネチーズとあればバニラペーストを加えて混ぜ〈同🅵〉、全体がなじんだら氷水からはずして冷蔵庫に入れる。

5. 3を型からはずし、オーブンシートをはがして厚みを半分に切る〈同🅶〉。4を冷蔵庫から出して下の生地の断面に半量くらい塗り〈同🅷〉、上の生地をのせる。

6. 残りの4を上面に塗り〈同🅸〉、冷蔵庫で30分ほど冷やし、クリームが固まったら好みでトッピングを飾る。

ドライパイナップルフラワー

材料 [作りやすい分量]

パイナップル — 1個（直径約12cmサイズ）

下準備
・パイナップルは上下を切り落として皮をむき、芯ごと約3mm厚さの輪切りにする。各輪切りの縁をスプーン（または手）でギザギザになるようちぎる（p.41の🅹参照）。
・天板にオーブンシートを敷く。
・オーブンは90℃に予熱する。

作り方
1. パイナップルを天板に並べ〈p.41の🅹〉、予熱したオーブンで3時間くらい、途中裏返して乾燥させる〈同🅺〉。

2. 天板ごとオーブンから取り出し、温かいうちに1枚ずつマフィンカップに入れて形を整え〈同🅻〉、そのまま1日おいて乾燥させる。
　◎残ったパイナップルフラワーは乾燥剤を入れた密閉容器に入れ、冷蔵庫で2〜3日保存可能。

J

K

L

ヴィクトリアサンドイッチケーキ

材料 [直径15cmの丸型1台分]

バター ━ 120g

グラニュー糖 ━ 100g

卵 ━ 2個

A｜薄力粉 ━ 120g

　｜ベーキングパウダー ━ 小さじ1

牛乳 ━ 大さじ2

いちごジャム（またはラズベリージャム）

　　　━ 100g

◎好みのジャムで代用可。

粉糖 ━ 適量

季節の果物（仕上げ用／あれば）━ 適量

◎ジャムと同じ種類の果物がおすすめ。ここで
はいちごを使用。

下準備

・バターと卵、牛乳は室温に戻し、
　卵は溶きほぐす。

・Aは合わせてふるう。

・型にオーブンシートを敷く。

・オーブンは180℃に予熱する。

作り方

1. ボウルにバターとグラニュー糖を入れ、ハンドミキサーの高速でふんわりするまで混ぜる。

2. 溶き卵を3回に分けて加え、そのつどハンドミキサーの低速で混ぜて全体をなじませる。

3. ふるったAを加え、粉が少し残るくらいまでゴムべらで切るように混ぜ、牛乳を加えてつやが出るまで混ぜる。

   ◎生地に切り目を入れるようにゴムべらを縦に入れ、生地をすくい上げたら手首を返し上に置く、これを繰り返し、練らないように気をつけながら全体を混ぜます。

4. 型に3を入れて表面を平らにならし、予熱したオーブンで30分ほど焼く。オーブンから型を取り出してそのまま冷めるまでおく。

   ◎中心に竹串を刺して、生地がついてこなければ焼き上がり。生焼けの場合は、3～5分ずつ様子を見ながら追加で焼きます。

5. 型からはずし、オーブンシートをはがして厚みを半分に切る。下の生地の断面にいちごジャムを塗る。

   ◎挟むときにジャムがはみ出さないよう、端を1cmくらい残して塗るのがポイントです。

6. 上の生地をのせ、茶こしで粉糖をふる。あれば、仕上げに季節の果物を飾る。

   ◎好みでホイップクリームを添えても。

VICTORIA SANDWICH CAKE

ビクトリア女王が愛したことから名づけられた、
イギリスの定番ケーキ。
最近はホイップクリームを挟むものが多いですが、
オーセンティックにジャムのみにしました。
季節のフルーツやジャムをチョイスして、
バリエーションを増やしてみて。

CHAPTER 2

—————

Bake for breakfast!
素敵な朝時間のために

甘い、しょっぱい、4種類のマフィンと2種類のブレッド。
食事と合わせやすいビスケットやパンケーキのほか、
朝食のテーブルを華やかに彩る
手作りグラノーラをご紹介します。

BLUEBERRY MUFFINS

→作り方は p.46

マフィンをモフモフと焼き上げるコツは、
少ない回数で大きく混ぜること。
このマフィン生地は甘さを抑えているので、
甘いクランブルをたっぷりとのせてアレンジしても。

45

材料 [直径7cmのマフィン型6個分]

A｜バター — 70g
　｜グレープシードオイル — 40g
　｜グラニュー糖 — 80g
　｜ブラウンシュガー — 50g
溶き卵 — 80g分
B｜薄力粉 — 220g
　｜ベーキングパウダー — 小さじ1½
　｜塩 — ひとつまみ
C｜牛乳 — 60g
　｜ヨーグルト（プレーン） — 50g
ブルーベリー（冷凍） — 80g
クランブル（下記「アレンジ用クランブル」
　参照／好みで）

下準備

・Aのバターと溶き卵は室温に戻す。
・Bは合わせて混ぜる。
・Cは室温に戻して混ぜ合わせる。
・型にグラシンカップを敷く。
・オーブンは180℃に予熱する。

アレンジ用クランブル

材料 [作りやすい分量]

D｜薄力粉 — 40g
　｜グラニュー糖 — 50g
　｜シナモンパウダー — 小さじ¼
バター — 30g

下準備

・Dは合わせて軽く混ぜる。
・バターは1cm角に切り、冷蔵庫で冷やす。

作り方

ボウルに冷蔵庫から出したバターと合わせたDを入れ、バターが溶けないうちに手早く指先ですり混ぜてなじませ、そぼろ状にして冷凍庫で15分以上冷やし固める。

◎そぼろの大きさは、あえてそろえないほうが食感にアクセントがつきます。
◎冷凍庫から出してすぐのクランブルは固まっているので、指先でほぐしながら使います。
◎冷凍庫で約1カ月保存可能。

作り方

1. ボウルにAを入れ、ハンドミキサーの中速でしっかり混ぜる〈A〉。

2. 溶き卵を2回に分けて加え〈B〉、そのつどハンドミキサーの低速で混ぜて全体をなじませる。ゴムべらでボウルの底から上下を返し、さらにハンドミキサーの低速で混ぜる。
　◎ハンドミキサーの羽ですくいきれなかった卵が残らないよう、ゴムべらで上下を返してしっかり混ぜます。

3. 合わせたBの半量をふるい入れ、ゴムべらでボウルの底から上下を返すよう、粉けが少し残る程度まで混ぜる〈C〉。合わせたCを加えて〈D〉3回ほど大きくすくうように混ぜ、残りのBをふるい入れ、粉けがなくなるまでボウルの底から上下を返すように混ぜる〈E〉。
　◎混ぜすぎないよう、粉けがなくなればOK。

4. ブルーベリーを加え、3回ほど大きくすくうように混ぜ〈F〉、アイスクリームディッシャー（または大きめのスプーン）ですくい、型に均等に入れる〈G〉。
　◎好みでクランブルをのせて焼く場合は、クランブル適量を冷凍庫から出して指先でほぐしながらマフィンにのせ、手で上から軽く押して表面を落ち着かせます。

5. 予熱したオーブンで28〜30分焼く。オーブンから型を取り出してそのままおき〈H〉、粗熱がとれたら型からはずす。
　◎中心に竹串を刺して、生地がついてこなければ焼き上がり。生焼けの場合は、3〜5分ずつ様子を見ながら追加で焼きます。

NO.13
ブルーベリーマフィン

BLUEBERRY MUFFINS

A

B

C

D

E

F

G

H

クランブルのせの
アレンジもぜひ！

Bake for
Breakfast!

ちょっとこだわりのモーニングベイクの楽しみ方。

平日の朝ごはんは、ひと晩寝かせたおいしいブレッドを。

前日の夜のうちに焼いておいて、

朝ごはんを楽しみにベッドに入るのも、幸せな時間です。

休日の朝は、焼きたてがおいしいスコーンやビスケット、

ささっと作れるマフィンを。甘く香ばしい香りが漂うキッチンで、

熱々をハフハフしながら食べるのは、作り手だけの特権！

忙しい朝がベイクで心穏やかな時間になったら、僕もとてもうれしいです。

マフィン作りは本当に簡単！
生地を作る時間と焼き時間を合めても、
40分くらいでちゃちゃっと作れてしまいます。
ポピーシードのプチプチとした
食感が楽しいマフィンを、
お休みの日のブランチにいかがですか？

LEMON POPPY SEED MUFFINS

NO.14

レモンポピーシードマフィン

材料［直径7cmのマフィン型6個分］

〈生地〉

A｜バター — 70g
　｜グレープシードオイル — 40g
　｜グラニュー糖 — 130g
　｜レモン — 1個

溶き卵 — 80g分

B｜薄力粉 — 220g
　｜ベーキングパウダー — 小さじ1½
　｜塩 — ひとつまみ

C｜牛乳 — 60g
　｜ヨーグルト（プレーン）— 50g

ポピーシード — 大さじ2

〈アイシング〉

粉糖 — 80g

レモン汁 — 12g

下準備

・Aのバターと溶き卵は室温に戻す。
・Aのレモンは皮をすりおろし、
　果肉は汁を搾ってアイシング用に
　12g用意する。
・Bは合わせて混ぜる。
・Cは室温に戻して混ぜ合わせる。
・型にグラシンカップを敷く。
・オーブンは180℃に予熱する。

作り方

1. 生地を作る。ボウルにすりおろしたレモンの皮と残り
   のAを入れ、ハンドミキサーの中速でしっかり混ぜる。

2. 溶き卵を2回に分けて加え、そのつどハンドミキサー
   の低速で混ぜて全体をなじませる。ゴムべらでボウル
   の底から上下を返し、さらにハンドミキサーの低速で
   混ぜる。
   ◎ハンドミキサーの羽ですくいきれなかった卵が残らないよう、
   ゴムべらで上下を返してしっかり混ぜます。

3. 合わせたBの半量をふるい入れ、ゴムべらでボウルの
   底から上下を返すよう、粉けが少し残る程度まで混ぜ、
   合わせたCを加えて3回ほどすくうように混ぜる。残
   りのBをふるい入れ、粉けがなくなるまでボウルの底
   から上下を返すように混ぜる。
   ◎混ぜすぎないよう、粉けがなくなればOK。

4. ポピーシードを加え、3回ほどすくうように混ぜ、アイ
   スクリームディッシャー（または大きめのスプーン）ですく
   い、型に均等に入れる。予熱したオーブンで25分くら
   い焼く。
   ◎中心に竹串を刺して、生地がついてこなければ焼き上がり。
   生焼けの場合は、3〜5分ずつ様子を見ながら追加で焼きます。

5. アイシングを作る。ボウルに材料をすべて入れ、ゴム
   べらでつやが出るまで混ぜる。

6. オーブンから型を取り出してスプーンで5をかけ、そ
   のままおき、粗熱がとれたら型からはずす。

ベーキングソーダは酸性のものと合わせると、もこもこと膨らむ性質があります。なので、ヨーグルトと粉類を合わせたら、テキパキと手を動かしてオーブンにインしましょう！化学反応は待ってくれないので、放置は禁物ですぞ。

PUMPKIN CRUMBLE MUFFINS

材料 [直径7cmのマフィン型6個分]

〈パンプキンクランブル〉

バター ― 30g

A｜薄力粉 ― 40g
　｜ブラウンシュガー ― 50g
　｜シナモンパウダー ― 小さじ¼
　｜塩 ― ひとつまみ

かぼちゃの種（ロースト）― 10g

〈生地〉

溶き卵 ― 80g分

B｜バター ― 70g
　｜グレープシードオイル ― 40g
　｜ブラウンシュガー ― 130g

C｜薄力粉 ― 180g
　｜ベーキングパウダー ― 小さじ1
　｜ベーキングソーダ（重曹）― 小さじ¼
　｜シナモンパウダー ― 小さじ½
　｜ジンジャーパウダー ― 小さじ¼
　｜塩 ― ひとつまみ

かぼちゃ（皮つき）― 120g

D｜牛乳 ― 60g
　｜ヨーグルト（プレーン）― 40g

下準備

・パンプキンクランブル用のバターは
　1cm角に切り、冷蔵庫で冷やす。
・Aは合わせて軽く混ぜる。
・かぼちゃはゆでて水けをきり、
　2～3cmの角切りにする。
・生地用の溶き卵とBのバターは
　室温に戻す。
・Cは合わせて混ぜる。
・Dは室温に戻して混ぜ合わせる。
・型にグラシンカップを敷く。
・オーブンは180℃に予熱する。

NO.15
パンプキンクランブル
マフィン

作り方

1. パンプキンクランブルを作る。ボウルに冷蔵庫から出したバターと合わせたAを入れ、バターが溶けないうちに手早く指先ですり混ぜてなじませ、そぼろ状にしてかぼちゃの種を加える。軽く混ぜて冷凍庫で15分以上冷やし固める。

2. 生地を作る。ボウルにBを入れ、ハンドミキサーの中速でしっかり混ぜる。

3. 溶き卵を2回に分けて加え、そのつどハンドミキサーの低速で混ぜて全体をなじませる。ゴムべらでボウルの底から上下を返し、さらにハンドミキサーの低速で混ぜる。
◎ハンドミキサーの羽ですくいきれなかった卵が残らないよう、ゴムべらで上下を返してしっかり混ぜます。

4. 合わせたCの半量をふるい入れ、ゴムべらでボウルの底から上下を返すよう、粉けが少し残る程度まで混ぜる。合わせたDを加えて3回ほどすくうように混ぜ、残りのCをふるい入れ、粉けがなくなるまでボウルの底から上下を返すように混ぜる。
◎混ぜすぎないよう、粉けがなくなればOK。

5. ゆでたかぼちゃを加え、3回ほどすくうように混ぜ、アイスクリームディッシャー（または大きめのスプーン）ですくい、型に均等に入れる。1を冷凍庫から出してほぐしながらのせ〈A〉、手で上から軽く押して落ち着かせる。予熱したオーブンで25分くらい焼く。
◎冷凍庫から出してすぐのパンプキンクランブルは固まっているので、指先でほぐしながらのせていきます。
◎中心に竹串を刺して、生地がついてこなければ焼き上がり。生焼けの場合は、3～5分ずつ様子を見ながら追加で焼きます。

6. オーブンから型を取り出してそのままおき、粗熱がとれたら型からはずす。

CORNBREAD MUFFINS

NO.16

コーンブレッド
マフィン

材料 [直径7cmのマフィン型6個分]

グレープシードオイル ― 100g

卵 ― 1個

牛乳 ― 80g

ヨーグルト (プレーン) ― 60g

A｜薄力粉 ― 200g
　｜コーンミール ― 40g
　｜ベーキングパウダー ― 小さじ2
　｜ベーキングソーダ (重曹) ― 小さじ¼
　｜グラニュー糖 ― 60g
　｜塩 ― 小さじ½
　｜ブラックペッパー (粗びき)
　｜　　― 小さじ½

B｜コーン缶 (水煮／水けをきる) ― 100g
　｜バジルの葉 (生) ― 5枚

下準備

・牛乳とヨーグルトは混ぜ合わせる。

・Aは合わせてふるう。

・Bのバジルの葉は粗く刻む。

・型にグラシンカップを敷く。

・オーブンは180℃に予熱する。

作り方

1. ボウルにグレープシードオイルを入れ、卵を割り入れて泡立て器で混ぜ、合わせた牛乳とヨーグルトを加えてなじむまで混ぜる。

2. ふるったAを加えてゴムべらで混ぜ、少し粉けが残っている状態でBを加え、粉けがなくなるまで混ぜる。

3. アイスクリームディッシャー (または大きめのスプーン) で2をすくい、型に均等に入れる。

4. 予熱したオーブンで25〜28分焼く。オーブンから型を取り出してそのままおき、粗熱がとれたら型からはずす。

　◎中心に竹串を刺して、生地がついてこなければ焼き上がり。
　生焼けの場合は、3〜5分ずつ様子を見ながら追加で焼きます。

アメリカ南部の伝統的なクイックブレッド、コーンブレッドをマフィン型で焼いたもの。甘くてしょっぱくて、ブラックペッパーもきいているので、カリカリに焼いたベーコンやハラペーニョなど好みの具材をカスタマイズして入れてもおいしい。

オーブンシートの切り出し方／スクエア型＆パウンド型

ブラウニーやジャムバーで使うスクエア型に、オーブンシートを切り出して
きれいに敷く方法はこちらをチェック。パウンド型も同様に行います。

切り出し方

1. 型の底面と側面に合わせてオーブンシートを切り出し、上に型をのせて底と立ち上がりに折り目をつけ〈A〉、広げる。型からはみ出そうなところはカットする。

2. 敷き込んだときに重なる四隅は、折り目に沿って1カ所ずつ切り込みを入れる〈B〉。

3. 型の内側に刷毛でサラダ油（または溶かしバター）を薄く塗り、2を敷き込む〈C〉。

オーブンシートで作るマフィンカップ

市販のグラシンカップがなくても、オーブンシートで簡単に作れます。
マフィンは生地がかためで、型とシートがずれにくいので油などは塗らなくてOK。

切り出し方

1. 12cm角に切り出したオーブンシートを必要な枚数用意し、それぞれ四つ折りにして広げる。

2. 折り目に沿って、4カ所に3.5cm長さの切り込みを入れる〈A〉。

3. 型の真ん中に2を1枚ずつのせ、型の底に合うサイズのグラスを上から当てて、押し込むようにして敷き込む〈B〉。

CREAM SCONES

→作り方はp.58

CREAM SCONES

混ぜる工程はフードプロセッサーにお任せ！なので、あっという間に作れます。ただし、フープロは回し続けないこと。回転する際にカッターの熱でバターが溶けてしまうからです。回しては止めて、回しては止めて、と撹拌しましょう。

NO.17　**クリームスコーン**

材料 [6cm角8個分]

A 薄力粉 ― 280g
　ベーキングパウダー ― 小さじ2
　ブラウンシュガー(またはきび砂糖)
　　 ― 大さじ3
　塩 ― ひとつまみ
バター ― 80g
生クリーム ― 200g+仕上げ用少々

下準備

・Aは合わせて冷蔵庫で冷やす。
・バターは1.5cmの角切りにして〈A〉、冷蔵庫で冷やす。
◎角切りでなくチーズグレーターで削ってもOK。
・天板にオーブンシートを敷く。
・オーブンは200℃に予熱する。

作り方

1. フードプロセッサーに冷蔵庫から出したAとバターを入れ〈B〉、バターのかたまりが細かくなるまで混ぜる。
◎フードプロセッサーがなければ、カードで切るように混ぜます。

2. ボウルに1を入れ〈C〉、生クリームを加え〈D〉、ゴムべら(またはカード)で少し粉けが残るくらいまで混ぜる〈E〉。

3. 手で2をひとまとめにして〈F〉、全粒粉(または薄力粉)少々(分量外)をふった台に置き、カードで生地をまとめながら伸ばして折る作業を3回繰り返して、24×12cmくらいの長方形に整える〈G〉。

4. 縦に4等分に切り〈H〉、さらに横に2等分して天板に並べ、表面に刷毛で仕上げ用の生クリームを塗り〈I〉、予熱したオーブンで16〜17分焼く。天板ごとオーブンから取り出してそのまま冷ます。
◎火傷に気をつけて焼いたスコーンを持ち上げ、ずっしりと重たければ生焼けの可能性が高いので、2〜3分ずつ様子を見ながら追加で焼きます。

CATHEAD BISCUITS
WITH SAUSAGE GRAVY

NO.18

キャットヘッドビスケット
ソーセージグレービー添え

材料 [直径5cm9個分]

A 薄力粉 ― 230g
　ベーキングパウダー ― 小さじ2
　ベーキングソーダ(重曹) ― 小さじ1/8
　塩 ― 小さじ1/2
　グラニュー糖 ― 小さじ2
バター ― 80g
B 牛乳 ― 150g
　レモン汁 ― 小さじ2
ソーセージグレービーソース
　(右記参照／温める) ― 適量
ブラックペッパー(粗びき/好みで)
　― 適量

下準備

・Aは合わせて冷蔵庫で冷やす。
・バターは1cm角に切り、
　冷蔵庫で冷やす。
・Bは混ぜ合わせて冷蔵庫で冷やす。
・15cm角のスクエア型に
　オーブンシートを敷く。
・オーブンは200℃に予熱する。

作り方

1. ボウルに冷蔵庫から出したAとバターを入れ、バターが小豆くらいの粒になるまでカードで切るように混ぜる。
　◎フードプロセッサーを使う場合は、バターが細かくなりすぎないように注意。

2. 冷蔵庫から出したBを加え、ゴムべらで粉けがなくなるまで混ぜ、まとまったら手で軽くこねる。

3. 薄力粉少々(分量外)をふった台に置き、手で3cmくらいの厚さに伸ばす。

4. 直径5cmの丸型で9個抜き、型に縦3×横3個で並べ、予熱したオーブンで17〜18分焼く。オーブンから型を取り出してそのまま冷ます。

5. 4をちぎって皿にのせ、温めたソーセージグレービーソースをたっぷりかける。好みでブラックペッパーをふる。

ソーセージグレービーソース

材料 [2〜3人分]

バター ― 10g
粗びきウインナーソーセージ ― 90g
マッシュルーム ― 60g
薄力粉 ― 大さじ1 1/2
牛乳 ― 250g
ナツメグパウダー ― 少々
塩、ブラックペッパー(粗びき) ― 各適量

下準備

・粗びきウインナーソーセージは好みで皮を取り除き、粗めのみじん切りにする。
・マッシュルームはキッチンペーパーで汚れをふき取り、粗めのみじん切りにする。

作り方

1. フライパンにバターを入れて中火で熱し、ソーセージを炒める。

2. マッシュルームを加えて炒め、しんなりしたら薄力粉を加えて混ぜる。粉けがなくなったら牛乳とナツメグパウダーを加え、とろみがつくまで木べらで混ぜる。

3. 塩、ブラックペッパーで味をととのえる。

ビスケットやスコーンは、なんていったって焼きたてが一番!一度に食べきれない場合は、1つずつアルミホイルに包んで冷凍庫で保存します。ホイルにくるんだままトースターでリベイクするといいですよ。

バナナブレッド

材料 [18cmのパウンド型1台分]

バター ― 80g

ブラウンシュガー ― 90g

卵 ― 1個

A 薄力粉 ― 150g

ベーキングソーダ (重曹) ― 小さじ1

ベーキングパウダー ― 小さじ¼

シナモン ― 小さじ1

塩 ― ひとつまみ

B バナナ ― 正味200g

ラム酒 (好みで) ― 大さじ1

くるみ ― 40g

バナナ (仕上げ用) ― 1本

下準備

・バターと卵は室温に戻す。

・Aは合わせてふるう。

・Bのバナナはフォークでつぶし、
好みでラム酒を加える〈p.63のA〉。

・くるみは150℃に予熱したオーブンで
10分焼き、粗く刻む。

・仕上げ用のバナナは皮をむき、
縦半分に切る。

・型にオーブンシートを敷く。

・オーブンは180℃に予熱する。

BANANA BREAD

熟れ熟れのバナナを使うと、
しっとりと甘く焼き上がります。
バナナの甘さを味わえるよう、甘さ控えめに作ったので、
食べるときに粉糖をかけたり、くるみを入れるタイミングで
チョコレートチップを加えたりしてもいいです。

作り方

1. ボウルにバターとブラウンシュガーを入れ、ハンドミキサーの高速で薄いベージュ色になるまで混ぜる。

2. 卵を割り入れ、ハンドミキサーの低速で混ぜる。ゴムべらでボウルの底からをすくい上げるようひと混ぜし、さらにハンドミキサーの低速で混ぜる。
   ◎ハンドミキサーの羽ですくいきれなかった卵が残らないよう、途中、ゴムべらで上下を返します。

3. ふるったＡの半量を入れ、ゴムべらですくうように混ぜる。粉けが少し残る程度になったらＢのつぶしたバナナを入れ、残りのＡを加え、粉けがなくなるまで同様に混ぜる。

4. くるみを加えて2回だけ大きく混ぜ、型に流し入れる。仕上げ用のバナナをのせ〈上写真〉、手で上から軽く押して、予熱したオーブンで45〜50分焼く。
   ◎中心に竹串を刺して、生地がついてこなければ焼き上がり。生焼けの場合は、3〜5分ずつ様子を見ながら追加で焼きます。

5. オーブンから型を取り出してそのままおき、粗熱がとれたら型からはずし、オーブンシートをはがしてラップで包み、冷蔵庫でひと晩寝かせる。

材料 [18cmのパウンド型1台分]

グレープシードオイル ━ 100g

◎サラダ油や米油、太白ごま油など香りの少ない油で代用可。

卵 ━ 2個

バニラエクストラクト（あれば）━ 小さじ1

グラニュー糖 ━ 100g

ブラウンシュガー ━ 30g

ズッキーニ ━ 150g

くるみ ━ 50g

A ┃ 薄力粉 ━ 130g
　┃ ベーキングソーダ（重曹）━ 小さじ1
　┃ ベーキングパウダー ━ 小さじ½
　┃ シナモンパウダー ━ 小さじ2
　┃ 塩 ━ ひとつまみ

チョコレートチップ ━ 大さじ2

下準備

・ズッキーニは目の粗いグレーターなどでせん切りにする。
　水分が出てきたら絞る。
・くるみは150℃に予熱したオーブンで10分焼き、
　細かく刻む。
・Aは合わせてふるう。
・型にオーブンシートを敷く。
・オーブンは180℃に予熱する。

作り方

1. ボウルにグレープシードオイルを入れて卵を割り入れ、あればバニラエクストラクトを加えて泡立て器でよく混ぜる。

2. グラニュー糖とブラウンシュガーを加え、さらに混ぜる。

3. せん切りにしたズッキーニとくるみを加え、ゴムべらで全体に絡めるようによく混ぜる。

4. ふるったAを加え、ゴムべらで底から大きくすくうようにして粉けがなくなるまで混ぜ、型に流し入れる。チョコレートチップを散らし、予熱したオーブンで45〜50分焼く。
　◎中心に竹串を刺して、生地がついてこなければ焼き上がり。生焼けの場合は、3〜5分ずつ様子を見ながら追加で焼きます。

5. オーブンから取り出してそのままおき、粗熱がとれたら型からはずし、オーブンシートをはがして好みの厚さに切る。

オイルベースの生地は
冷蔵庫で冷やしてもかたくならないので、
冷たくしていただくサマーブレッドにもってこい。
ズッキーニは水分が多いので、クイックブレッドを
しっとりさせてくれる効果もあるんですよ。

NO.20
ズッキーニブレッド

ZUCCHINI BREAD

僕がいつも家で作る、簡単でおいしいレシピです。
生地はふわっともちっとしてほんのり甘いので、
ウインナーやベーコンを添えて
メープルシロップをかけ、甘塩っぱく食べれば、
朝食やブランチにぴったりです。

ふわふわパンケーキ

材料 [直径13cm 6～7枚分]

卵 — 1個

サラダ油 — 大さじ2

A 酢（またはレモン汁）— 20g

　 牛乳 — 200g

B 薄力粉 — 140g

　 ベーキングパウダー — 小さじ1

　 ベーキングソーダ（重曹）
　　 — 小さじ¼

　 グラニュー糖 — 30g

　 塩 — ひとつまみ

〈仕上げ（好みで）〉

バター、メープルシロップ、
　　ベーコン炒め、スクランブルエッグ、
　　ブラックペッパー（粗びき）— 各適量

下準備

・Aは合わせてもろもろっとした
　状態になるまで軽く混ぜる。

◎牛乳に酢を加えて、バターミルクの代用に。
酢とベーキングパウダーが混ざると、酸が反応
をして二酸化炭素が発生し、生地の中に気泡が
できてふわふわとした食感になります。

・Bは合わせてよく混ぜる。

作り方

1. ボウルに卵を割り入れて溶きほぐし、サラダ油を加えて泡立て器で混ぜる。合わせたAを加えてさらによく混ぜる。

2. 合わせたBを加えてさっと混ぜる。
　◎粉を加えたら混ぜすぎないでください。ダマが少し残っていても焼いている間に自然と消えます。

3. フッ素樹脂加工のフライパンを弱めの中火でしっかりと温め、2をレードル1杯分すくい、高さ10cmくらいからフライパンの中心に落とす。

4. 表面にふつふつと気泡が出て、縁が少し乾いてきたらフライ返しで裏返し、中まで火を通す。残りも同様に焼く。

5. 器に盛り、いずれも好みでバターをのせ、メープルシロップをかけ，ベーコン炒めとスクランブルエッグを添え、ブラックペッパーをふる。

FLUFFY PANCAKES

自家製グラノーラは、自分好みにカスタマイズできていいですよね！

家にあるかぼちゃの種やひまわりの種、白ごまなんかも入れちゃいます。

これだけは必ず入れるぞ〜！ というものが、僕の場合はココナッツ。

これがあるのとないのじゃ、もう香ばしさが全然違います。

ヨーグルトにのせたり、牛乳をかけてお召し上がりください。

HOMEMADE GRANOLA

材料 ［15cm角のスクエア型1台分／約470g分］

A　オートミール ━ 200g

　　ココナッツファイン ━ 60g

　　好みのナッツ類 ━ 50g

　　◎ここではくるみ、アーモンド、ピーカンナッツを使用。カシューナッツやピスタチオでも。

　　好みのシード類 ━ 大さじ2

　　◎ここではかぼちゃの種、ひまわりの種、黒ごま、白ごまを使用。

　　塩 ━ ひとつまみ

　　◎好みでシナモンを小さじ¼くらい加えても、スパイスがきいておいしいです。

B　グレープシードオイル ━ 50g

　　メープルシロップ ━ 50g

好みのドライフルーツ ━ 90g

◎ここではアプリコット、デーツ、ドライチェリー、クランベリーを使用。いちじく、レーズン、オレンジピールでも。

下準備

・ナッツ類とシード類、ドライフルーツは粗く刻む。

・天板にオーブンシートを敷く。

・オーブンは130℃に予熱する。

作り方

1. ボウルにAを入れて軽く混ぜる。

2. Bを加え、ゴムべらで全体が湿るように混ぜる。

3. 天板に2を広げ、予熱したオーブンで45～50分焼く。
　 途中、乾燥しやすいように木べらなどで混ぜる。
　 ◎なるべく重ならないように、薄く広げます。

4. 天板ごとオーブンから取り出し、温かいうちにドライフルーツを加えて〈A〉混ぜる。完全に熱がとれたら、乾燥剤を入れた密閉容器に入れる〈左写真〉。
　 ◎常温で約1カ月保存可能。
　 ◎ヨーグルトのトッピングとして、季節の果物とともにいただくのがおすすめ（p.68参照）。

NO.22
自家製グラノーラ

CHAPTER 3

———

Bake for holiday & special!
特別な日のために

バレンタインにイースター、ハロウィン、クリスマス！
大好きな人にプレゼントするベイクと、
大切な人をもてなすケーキ。
クッキーやマシュマロトリートも加わって、
「特別な日」のために焼く楽しいスイーツがそろいました。

WHOOPIE PIES

→作り方は p.72

パイといっても、サクサクのパイ生地ではありません。
しっとり、ふわっとした生地の、アメリカの伝統的なケーキです。
ウーピーは「わーい！ やった!!」という歓喜の言葉。
大切な人に贈って、「ウーピー」と大喜びしてもらいましょう！

ウーピーパイ

材料 [直径5cm6個分]

〈生地〉

卵 — 1個

バニラエクストラクト

　（またはバニラオイル）— 適量

グラニュー糖 — 30g

A　バター — 60g

　　クーベルチュールチョコレート

　　　（スイート／コインタイプ）— 55g

B　薄力粉 — 50g

　　ココアパウダー（無糖）— 10g

　　ベーキングパウダー — 小さじ¼

〈ガナッシュ〉

クーベルチュールチョコレート

　（スイート／コインタイプ）— 60g

生クリーム — 50g

バター — 10g

下準備

・卵は室温に戻し、溶きほぐす。

・Aは合わせて湯煎で溶かす。

・Bは合わせてふるう。

・ガナッシュのバターは室温に戻す。

・天板にオーブンシートを敷く。

・オーブンは170℃に予熱する。

作り方

1. 生地を作る。ボウルに溶き卵とバニラエクストラクト、グラニュー糖を入れ〈A〉、泡立て器でよく混ぜる。

2. 湯煎したAを加えて〈B〉泡立て器で混ぜ〈C〉、ふるったBを加え〈D〉、ゴムべらでつやが出るまで混ぜる〈E〉。

3. 丸口金（13mm）をつけた絞り袋に2を入れ、天板に間隔をあけながら直径4〜5cm大に12個絞る〈F〉。予熱したオーブンで8分くらい焼く。天板ごとオーブンから取り出してそのままおく〈G〉。
   ◎口金の高さを固定しながら絞ると絞りやすく、大きさもそろいます。

4. ガナッシュを作る。クーベルチュールチョコレートはボウルに入れる。鍋に生クリームを入れて弱火で沸騰しない程度に温め、チョコレートのボウルに加える。ゴムべらで混ぜてチョコレートを溶かし、バターを加えて混ぜてなじませる。粗熱がとれたらラップをして、絞りやすいかたさになるまで冷蔵庫で30分〜1時間冷やし、丸口金（10mm）をつけた絞り袋に入れる。

5. 3の粗熱がとれたら平らな面に4を絞り〈H〉、もう1枚で挟み〈I〉、皿などの上に並べてガナッシュが固まるまで冷蔵庫で1時間くらい冷やす。
   ◎あればカラースプリンクルをガナッシュの上面や側面にふってから挟むと、カラフルな仕上がりになります（p.71参照）。

WHOOPIE PIES

HAPPY VALENTINE'S DAY!

バレンタインはありったけの愛をベイクに込めて。

休日は大切な友達、大好きなあの子のことを思い浮かべてベイクしよう。

ラッピングとデコレーションのコーディネートを考えたり、
子どもと作っても楽しそう！
イメージが膨らんでワクワクが止まらない気持ちのままに、
せっかくのバレンタインベイクだから、
照れずに大袈裟なくらいにラブリーに♡

ケーキ部分はしっとりとしてビター、
ガナッシュ部分は甘く、とってもなめらか。
みんなが絶賛してくれる、
ほめられ上手なお菓子です。
とっておきのレシピで作る
チョコレートケーキで
大好きなあの人を
メロメロにしちゃおう！

MY BEST CHOCOLATE CAKE

→作り方はp.76

材料 [直径15cmの丸型1台分]

〈生地〉

A ┃ ココアパウダー（無糖）― 30g
　┃ 湯 ― 60g
　┃ 牛乳 ― 30g

B ┃ バター ― 30g
　┃ グレープシードオイル ― 30g
　┃ グラニュー糖 ― 40g
　┃ ブラウンシュガー ― 50g

卵 ― 1個
バニラエクストラクト ― 小さじ¼

C ┃ 薄力粉 ― 70g
　┃ ベーキングパウダー ― 小さじ¼
　┃ ベーキングソーダ（重曹） ― 小さじ¼

〈ガナッシュ〉

生クリーム ― 60g
水あめ ― 6g
クーベルチュールチョコレート
　（スイート／コインタイプ） ― 90g
バター ― 15g
バニラエクストラクト ― 小さじ½

下準備

・生地用の牛乳とバター、卵は
　室温に戻す。
・Cは合わてふるう。
・ガナッシュのバターは室温に戻す。
・型にオーブンシートを敷く。
・オーブンは170℃に予熱する。

作り方

1. 生地を作る。ボウルにAを順に入れ〈A〉、そのつどゴムべらでしっかり混ぜ合わせる。

2. 別のボウルにBを入れ、ハンドミキサーの中速で白っぽくなるまでよく混ぜる。卵を割り入れてバニラエクストラクトを加え、ハンドミキサーの低速で混ぜて全体をなじませる。

3. 2にふるったCの⅓量を加えてゴムべらで混ぜ〈B〉、1の半量を加えて〈C〉よく混ぜる。さらにCの⅓量を加えて混ぜ合わせ〈D〉、残りのを1を加えて〈E〉混ぜ、残りのCを加えて〈F〉ゴムべらで粉けがなくなるまで混ぜる。

4. 型に3を入れて表面を平らにならし、予熱したオーブンで35～40分焼く。オーブンから型を取り出してそのまま冷めるまでおき、型からはずし、オーブンシートをはがして厚みを半分に切る。

　◎中心に竹串を刺して、生地がついてこなければ焼き上がり。生焼けの場合は、3～5分ずつ様子を見ながら追加で焼きます。

5. ガナッシュを作る。耐熱容器にすべての材料を入れて〈G〉電子レンジで40秒くらい様子を見ながら温め、ゴムべらで混ぜてチョコレートを溶かす〈H〉。ケーキに塗りやすいかたさになるまで冷蔵庫で1時間くらい冷やす。

　◎ガナッシュのかたさは、ゴムべらですくったときに垂れてこない程度が目安。

6. 5を冷蔵庫から出して4の下の生地の断面に半量塗る。上の生地をのせ、残りの5を上面に塗る〈I〉。ガナッシュが固まるまで冷蔵庫で1時間以上冷やす。

　◎好みで皿にチョコレートシロップを絞り、冷蔵庫から出して食べやすく切った6を盛り、あればケーキトッパーを飾ります（p.75参照）。

NO.24
チョコレートケーキ

MY BEST
CHOCOLATE CAKE

イースターベイクの主役は卵！ と、うさぎが好きなアレ。

イースターはキリストの復活を祝うお祭り。

日本ではまだなじみが薄いけれど、

「誕生」や「復活」を象徴する卵を探す

「エッグハント」をしてお祝いするそう。

近頃は日本の子どもたちも、イースターにエッグハントするのかな？

大人だけど、僕もそれ、正直言ってすっごくやりたいです。

HAPPY EASTER!

イースターといえば、うさぎ。
うさぎの好物といえばにんじん。ということで、
しっとりとしたキャロットケーキを焼きました。
クリームチーズのフロスティングは、
ケーキの上面だけにラフに塗って、
「おうちお菓子」ならではの
素朴で温かい雰囲気にしても素敵です。
こちらのケーキは、
必ず冷蔵保存をしてください。

YUMMY
CARROT CAKE

→作り方は p.80

材料 [直径15cmの丸型1台分]

〈生地〉

にんじん ― 100g

くるみ (またはピーカンナッツ)

　　　　― 40g＋トッピング用適量 (好みで)

A 牛乳 ― 30g

　 レモン汁 ― 小さじ½

卵 ― 1個

グラニュー糖 ― 40g

ブラウンシュガー ― 50g

グレープシードオイル ― 100g

◎米油や太白ごま油、菜たね油などクセの少な
い植物油で代用可。

バニラエクストラクト (あれば)

　　　　― 小さじ½

B 薄力粉 ― 150g

　 ベーキングパウダー ― 小さじ1

　 ベーキングソーダ (重曹) ― 小さじ¼

　 シナモンパウダー ― 小さじ1

　 ナツメグパウダー ― 小さじ⅛

　 塩 ― ひとつまみ

〈フロスティング〉

クリームチーズ ― 120g

サワークリーム ― 20g

生クリーム ― 30g

粉糖 ― 30g

バター ― 30g

下準備

・フロスティングのクリームチーズと
　バターは室温に戻す。

・にんじんは皮をむく。

・くるみは150℃に予熱したオーブンで
　10分焼き、粗く刻む。

・Aは合わせてもろもろっとした
　状態になるまで軽く混ぜる。

・Bは合わせてふるう。

・型にオーブンシートを敷く。

・オーブンは170℃に予熱する。

YUMMY CARROT CAKE

NO.25
キャロットケーキ

作り方

1. 生地を作る。ボウルににんじんをチーズグレーターで
おろし〈A〉、くるみを入れて合わせたAを加え〈B〉、ゴ
ムべらで混ぜる。

　◎チーズグレーターがない場合は、目の粗いおろし金ですりお
　ろし、水けを絞って使います。

2. 別のボウルに卵を割り入れ、グラニュー糖、ブラウンシ
ュガーを加え、泡立て器でよく混ぜ〈C〉、グレープシー
ドオイルとあればバニラエクストラクトを加え、とろっ
とするまで混ぜる。

3. 1を加えてゴムべらで混ぜ、全体をよく絡ませる〈D〉。

4. ふるったBを加え〈E〉、粉けがなくなるまで混ぜ、型に
入れて〈F〉持ち上げ、10cmほどの高さから2～3回落と
して空気を抜く。予熱したオーブンで45分くらい焼く。
オーブンから型を取り出し、そのまま冷めるまでおく。

5. フロスティングを作る。ボウルに材料を順に加え、そ
のつどハンドミキサーの中速でよく混ぜる〈G〉。

6. 4を型からはずし、オーブンシートをはがして厚みを
半分に切る〈H〉。下の生地の断面に5を半量くらい塗る。

7. 上の生地をのせ、残りの5を上面と好みで側面に塗り
〈I〉、クリームが固まるまで冷蔵庫で30分ほど冷やす。

　◎冷蔵庫から出して食べやすく切った7を皿に盛り、好みでト
　ッピング用のくるみを散らします (p.79参照)。

EASTER
BISCUITS

材料 [直径7cmの菊型10枚分]

バター ━ 50g

グラニュー糖
　　━ 50g＋仕上げ用小さじ1

レモンの皮 ━ ½個分

溶き卵 ━ 25g分

A 薄力粉 ━ 120g
　　シナモンパウダー ━ 小さじ¼

牛乳 ━ 小さじ2

カレンツ ━ 30g

下準備

・バターは室温に戻す。

・レモンの皮はすりおろし、
　グラニュー糖50gと合わせる。

・溶き卵は室温に戻す。

・Aは合わせてふるう。

・天板にオーブンシートを敷く。

・オーブンは180℃に予熱する。

作り方

1. ボウルにバター、グラニュー糖と合わせたレモンの皮を入れ、ハンドミキサーの中速で白っぽくなるまで混ぜる。

2. 溶き卵を加え、ハンドミキサーの低速で混ぜて全体をなじませる。

3. ふるったAを加え、ゴムべらで切るように混ぜる。粉けがなくなってきたら牛乳とカレンツを加えて混ぜ、ひとまとめにする。

4. オーブンシートを敷いた台に3を置き、上にもう1枚オーブンシートをかぶせ、麺棒で5mm厚さに伸ばして天板などにのせてラップをし、冷蔵庫で生地が固まるまで1時間くらい冷やす。
   ◎生地をオーブンシートで挟むと、台や麺棒にくっつかず伸ばしやすくなります。
   ◎すぐに焼かない場合は、冷蔵庫でひと晩寝かせてもOK。

5. 冷蔵庫から4を取り出してオーブンシートごと台に置き、かぶせたオーブンシートをはがして、薄力粉少々（分量外）をふった型で抜く。2番生地、3番生地は手で丸めたりこねたりせず、重ねて5mm厚さに伸ばし、生地がやわらかければ再度冷蔵庫で冷やしてから同様に型抜きをして、計10枚分のビスケットを用意する。天板に並べて仕上げ用のグラニュー糖をふってまぶし、予熱したオーブンで13〜15分、様子を見ながら焼く。

6. 天板ごとオーブンから取り出してそのままおき、粗熱がとれたらオーブンシートをはがして網にのせて冷ます。

イギリス南西部の、伝統的なイースター菓子。レモンとスパイスが香る、ほろほろ食感の生地に小粒のレーズン「カレンツ」をたっぷりと入れた、紅茶によく合うお菓子です。

NO.26

イースタービスケット

HAPPY HALLOWEEN!

お茶目なハロウィンベイクで、ホリデーを盛り上げよう!

お菓子をくれないとイタズラしちゃうぞ!
子どもたちにお菓子を配るのも楽しいし、
友達とパーティーをするのも最高!

お菓子の「指」を忍ばせて、
コウモリやミイラのライスクリスピーを並べれば、
悲鳴や歓声が部屋中にこだまします(笑)。

serve!!!
じゃなくって
scream!!!

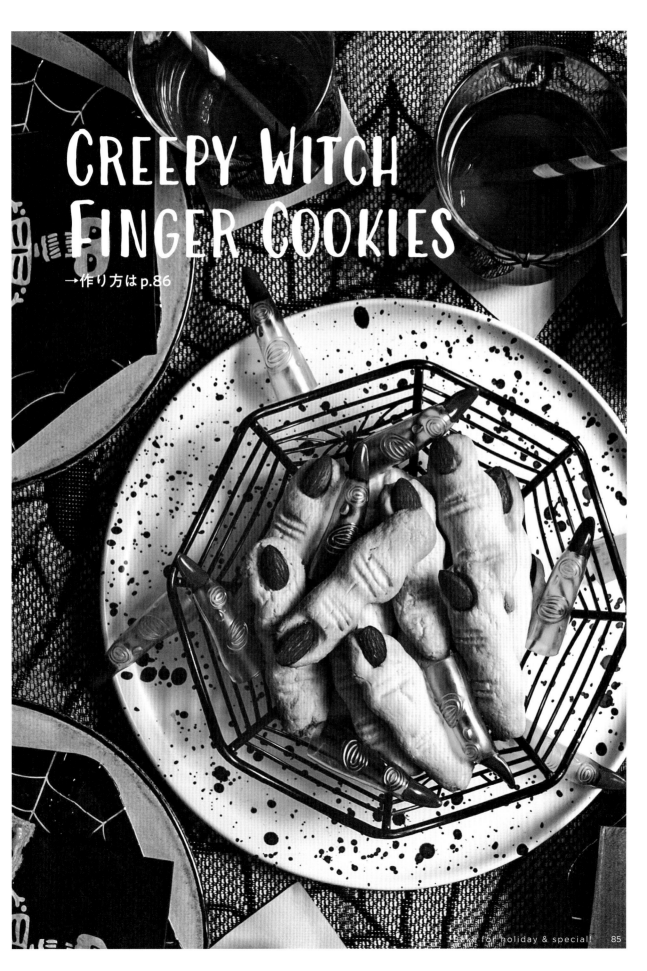

CREEPY WITCH FINGER COOKIES

→作り方は p.86

CREEPY WITCH FINGER COOKIES

NO.27

魔女の指クッキー

材料 [20本分]
バター ― 60g
グラニュー糖 ― 70g
塩 ― ひとつまみ
溶き卵 ― 25g分
薄力粉 ― 130g
アーモンド (またはカシューナッツ) ― 20個
チョコレートペン (または好みのジャム) ― 適量

下準備
・バターと溶き卵は室温に戻す。
・薄力粉はふるう。
・チョコレートペンは湯煎する。
・天板にオーブンシートを敷く。
・オーブンは180℃に予熱する。

作り方
1. ボウルにバター、グラニュー糖、塩を入れ、ハンドミキサーの高速で白っぽくなるまで混ぜる〈A〉。

2. 溶き卵を加え〈B〉、ハンドミキサーの低速で混ぜて全体をなじませる。

3. ふるった薄力粉を加え〈C〉、粉けがなくなるまでゴムべらで切るように混ぜ〈D〉、ひとまとめにしてラップで包み、冷蔵庫で30分くらい冷やす。

4. 冷蔵庫から3を取り出して20等分にする。薄力粉少々 (分量外) をふった台に置き、手で転がして10cm長さくらいに伸ばし〈E〉、指の関節に見立てて凹凸をつける。

5. 間隔をあけて天板に並べ〈F〉、竹串で関節部分にシワを刻み入れる〈G〉。爪部分にアーモンドをのせ〈H、I〉、予熱したオーブンで12〜15分、様子を見ながら焼く。

6. 天板ごとオーブンから取り出してそのままおき、粗熱がとれたらオーブンシートをはがして網にのせて冷ます。爪部分のアーモンドを一度はがし、はがしたところにチョコレートペンを塗ってアーモンドを再びのせ、しっかり接着する。

ハロウィンには、不気味なフォルムのバタークッキーを。
「リアルすぎて怖いよ〜！」
「食べるのに勇気がいる〜！」なんて
友人とキャアキャア言いながらつまみたい。

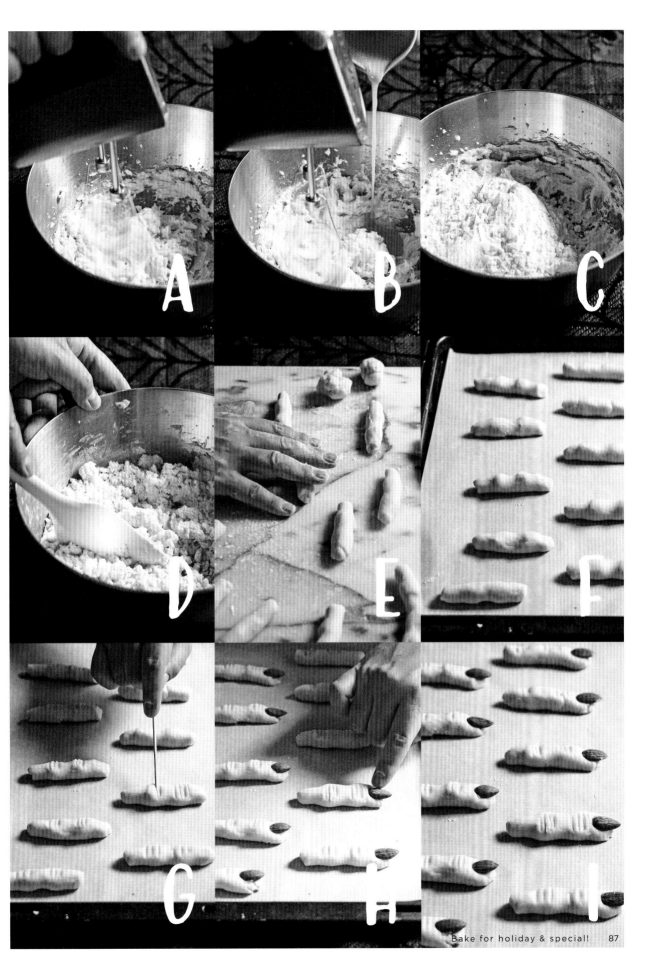

コウモリトリート

材料 [15cm角のスクエア型1台分／9個分]

マシュマロ ━ 120g

バター ━ 30g

塩 ━ ひとつまみ

ライスクリスピー ━ 70g

カラースプリンクル ━ 大さじ1

オレオクッキー ━ 大小各3個

アイボールキャンディー ━ 24個

下準備

・型にオーブンシートを敷く。

作り方

1. 深めのフライパン（または鍋）にマシュマロとバター、塩を入れ、弱火にかけ、ゴムべらで混ぜながら溶かす。

2. ライスクリスピーを加えて手早く混ぜ、熱いうちに型に入れ、ゴムべらで表面を平らにならす。

3. カラースプリンクルをふり、常温で冷まして5cm角に切る。

4. オレオクッキーは、クリームの部分にナイフを入れて2枚に分け、クリームがついたままそれぞれ半分に切ってアイボールキャンディーをのせ、コウモリに見立てて3にのせる。

ミイラトリート

材料 [15cm角のスクエア型1台分／9個分]

マシュマロ ━ 120g

バター ━ 30g

塩 ━ ひとつまみ

チョコクリスピー ━ 70g

チョコレートペン（白／湯煎する） ━ 2本

アイボールキャンディー ━ 18個

カラースプリンクル（あれば） ━ 適量

下準備と作り方

1. 上記「コウモリトリート」のライスクリスピーをチョコクリスピーに代えて、下準備、作り方1〜2と同様に作る。

2. 常温で冷まして5cm角に切り、チョコレートペン（白）で包帯に見立てた線を描き、アイボールキャンディーをのせ、あればカラースプリンクルをふる。

HALLOWEEN RICE CRISPY TREATS

オーブンも冷蔵庫も使わない、気軽に作れるお菓子。
ライスクリスピーやアイボールキャンディーなど、手に入りにくい材料を
製菓材料店やインターネットで探すのも楽しみのひとつ。
ライスクリスピーはケロッグのものを使いました。
アイボールキャンディーがなければ、チョコレートペンで目を描いても。

NO.28

ハロウィン
ライスクリスピートリート

聖なる夜を彩るホーリーベイクで、大切な人と心静かな時間を。

ホリデーシーズンは、大切な人と過ごす時間がなによりの幸せ。

1年の感謝とカロリーを込め、クリスマスのためのベイクを用意すれば、

ワクワク、ドキドキ、心躍るホリデーがスタートします。

お茶を片手にベイクをつまみながら、のんびりとしたひと時を。

このキラキラした雰囲気、ずっと楽しんでいたいなぁ。

Hohoho！

MERRY
CHRISTMAS！

GINGERBREAD MAN COOKIES

→作り方はp.92

クリスマスにはおなじみのお菓子。
ただかわいいだけじゃないんです！
実は、家族の無病息災、風邪予防を願った
ジンジャー入りのクッキーなのです。

材料 [約7.5×6cmの型15枚分]

バター ― 30g

ブラウンシュガー ― 50g

溶き卵 ― 20g分

モラセスシロップ〈p.93のA〉― 60g

A 薄力粉 ― 160g

　ベーキングパウダー ― 小さじ½

　ベーキングソーダ（重曹）― 小さじ¼

　ジンジャーパウダー ― 小さじ¼

　シナモンパウダー ― 小さじ½

　塩 ― ひとつまみ

チョコレートペン（白・赤・緑／湯煎する）
　― 各適量

◎アイシング（右記参照）でデコレートしても。

カラースプリンクル（あれば）― 適量

下準備

・バターと溶き卵は室温に戻す。

・Aは合わせてふるう。

・天板にオーブンシートを敷く。

・オーブンは170℃に予熱する。

NO.29

ジンジャー
ブレッドマンクッキー

GINGERBREAD MAN
COOKIES

作り方

1. ボウルにバター、ブラウンシュガーを入れ、ハンドミキサーの高速で白っぽくなるまで混ぜ〈B〉、溶き卵とモラセスシロップを加え、ハンドミキサーの低速で混ぜて全体をなじませる〈C〉。

2. ふるったAを加え、粉けがなくなるまでゴムべらで切るように混ぜ〈D〉、ひとまとめにしてラップで包み〈E〉、冷蔵庫で生地が固まるまで1時間くらい冷やす。
　◎生地を混ぜるときは、練らないようにします。粘りけが出て食感が悪くなります。
　◎すぐに焼かない場合は、冷蔵庫でひと晩寝かせてもOK。

3. 冷蔵庫から2を取り出し、ラップをはずしてオーブンシートを敷いた台に置き、上にもう1枚オーブンシートをかぶせ、麺棒で5mm厚さに伸ばす〈F〉。
　◎生地をオーブンシートで挟むと、台や麺棒にくっつかず伸ばしやすくなります。

4. かぶせたオーブンシートをはがして、薄力粉少々（分量外）をふった型で抜く〈G〉。2番生地、3番生地は手で丸めたりこねたりせず、重ねて5mm厚さに伸ばし、生地がやわらかければ再度冷蔵庫で冷やしてから同様に型抜きをして、計15枚分のクッキーを用意する。天板に並べ〈H〉、予熱したオーブンで13～15分、様子を見ながら焼く。

5. 天板ごとオーブンから取り出してそのままおき、粗熱がとれたらオーブンシートをはがして網にのせて冷ます。チョコレートペン（白）で顔を描き〈I〉、首にチョコレートペン（緑）でリボンを描いてあればカラースプリンクルをのせ、チョコレートペン（赤）でボタンを描く（p.91参照）。
　◎クッキーが温かいと溶けるので、完全に冷めてからデコレートしてください。

アイシング

材料 [作りやすい分量] と作り方

アイシング（白）を作る。ボウルに粉糖100gと卵白15g、レモン汁小さじ½を入れ、ハンドミキサーでもったりとつやが出るまで混ぜる。緑と赤に着色する場合は、アイシング（白）から適量ずつ取り分け、フードカラージェル（または色粉）の緑と赤をそれぞれ少量ずつ加えながらよく混ぜ、好みの濃度にする。絞るときは、アイシング用コルネに各色を入れて先端をはさみで切り、クッキーの上に絞る。

CHRISTMAS SHORTBREAD BITES

材料 [15cm角のスクエア型1台分／36枚分]

バター ━ 70g

A｜薄力粉 ━ 60g
　｜強力粉 ━ 60g
　｜粉糖 ━ 35g
　｜塩 ━ ひとつまみ

カラースプリンクル ━ 大さじ1

下準備

・バターは1.5cm角の角切りにして、冷蔵庫で冷やす。
・型と天板にそれぞれオーブンシートを敷く。
・オーブンは160℃に予熱する。

作り方

1. フードプロセッサーに冷蔵庫から出したバターとAを入れ、全体がもろっとして少しまとまった状態になるまで攪拌する。
   ◎フードプロセッサーがなければ、カードで細かく刻みます。

2. ボウルに1とカラースプリンクルを入れ、手でひとまとめにする。

3. 型に入れて手で広げ、縁はへらなどで強く押さえて均等に詰める〈A〉。上にオーブンシート（またはラップ）をのせて表面を平らにならし、ラップをして冷凍庫で約30分冷やす。
   ◎生地をラップで挟んで麺棒で15cm角に伸ばし、そのままラップで包んで冷凍すれば型を使わずに成形できます。

4. 冷凍庫から3を取り出して型からはずし、オーブンシートをはがして台に置く。2.5cm角に切って、計36枚を天板に間隔をあけて並べる〈B〉。
   ◎生地が凍っている場合は、室温に5分ほどおいてから切ると切りやすくなります。

5. 予熱したオーブンで約15分、様子を見ながら焼く。天板ごとオーブンから取り出してそのままおき、粗熱がとれたらオーブンシートをはがして網にのせて冷ます。

クリスマスカラーのスプリンクルを練り込んだ、
サクほろ食感がおいしいホリデークッキー。
常温で1週間くらいもつので、
家族や友人と語らうクリスマスウイークの
お茶の時間にどうぞ。

NO.30
クリスマス
ショートブレッド

Yutaokashi（ユータ）

趣味で始めたお菓子作りが高じて、国内外のお菓子や料理の教室、オンラインレッスンを受講し、製菓のプロセスやノウハウを楽しみながら日々学ぶ。国内外のライフスタイル誌やクッキング誌に写真やレシピを寄稿。食品メーカーや企業のアンバサダーを務めるほか、百貨店やWEBメディアでのワークショップ開催やテレビ出演など、幅広く活躍中。本書が初著書となり、レシピ開発のほかお菓子製作、スタイリング、撮影をすべてこなす。ほっこりとした温もりとやさしさが感じられる独特の世界観に魅了され、インスタグラムのフォロワー数も急増中。

Instagram: @yutaokashi

料理・撮影・スタイリング　Yutaokashi（ユータ）

デザイン　塙 美奈 [ME & MIRACO]

取材・文　泊 久代

校正・DTP　かんがり舎

PD　栗原哲朗 [図書印刷]

企画・編集　若名佳世 [山と溪谷社]

ベイク! 休日が楽しみになる焼き菓子レシピ

2023年2月25日　初版第1刷発行

著　者　Yutaokashi（ユータ）

発行人　川崎深雪

発行所　株式会社　山と溪谷社
　　　　〒101-0051 東京都千代田区神田神保町1丁目105番地
　　　　https://www.yamakei.co.jp/

印刷・製本　図書印刷株式会社

●乱丁・落丁、及び内容に関するお問合せ先
　山と溪谷社自動応答サービス　TEL.03-6744-1900
　受付時間／11:00-16:00（土日、祝日を除く）
　メールもご利用ください。
　【乱丁・落丁】service@yamakei.co.jp
　【内容】info@yamakei.co.jp
●書店・取次様からのご注文先
　山と溪谷社受注センター　TEL.048-458-3455、FAX.048-421-0513
●書店・取次様からのご注文以外のお問合せ先
　eigyo@yamakei.co.jp

定価はカバーに表示してあります
落丁・乱丁本は送料小社負担でお取り替えいたします
禁無断複写・転載